9 789358 729405

خاندانی نظامِ زندگی

آیۃ اللہ خامنہ ای

© Ayatollah Khamenei

Khaandaani Nizaam-e-Zindagi

by: Ayatollah Khamenei

Edition: March '2024

Publisher :

Taemeer Publications LLC (Michigan, USA / Hyderabad, India)

ISBN 978-93-5872-940-5

© آیۃ اللہ خامنہ ای

کتاب	:	خاندانی نظام زندگی
مصنف	:	آیۃ اللہ خامنہ ای
پروف ریڈنگ / تدوین	:	اعجاز عبید
صنف	:	غیر افسانوی نثر
ناشر	:	تعمیر پبلی کیشنز (حیدرآباد، انڈیا)
سالِ اشاعت	:	سنہ ۲۰۲۴ء
صفحات	:	۲۴
سرورق ڈیزائن	:	تعمیر ویب ڈیزائن

محبت و خلوص میں تشکیل پانے والا گھرانہ
اور خاندانی نظام زندگی

گھرانہ

آج کے زمانے میں سب ہی "گھرانے" کے متعلق باتیں کرتے ہیں اور سب ہی کو اس بارے میں تشویش لاحق ہے۔ معاشرتی اور تاریخی علوم کے ماہرین کسی بھی معاشرے کی سب سے پہلی اور بنیادی ترین شکل "گھرانے" کو قرار دیتے ہیں۔

اب ہمارے بہترین اور عزیز ترین لڑکے اور لڑکیاں جان گئے ہیں کہ "رشتہ ازدواج" میں منسلک ہونے اور اس مقدس بندھن کا سب سے بہترین نتیجہ اور اصل ہدف "گھرانے" کی بنیاد رکھنا ہے۔

آج کے زمانے میں سب ہی "گھرانے" کے متعلق باتیں کرتے ہیں اور سب ہی کو اس بارے میں تشویش لاحق ہے۔ معاشرتی اور تاریخی علوم کے ماہرین کسی بھی معاشرے کی سب سے پہلی اور بنیادی ترین شکل "گھرانے" کو قرار دیتے ہیں۔

اس طرح ماہرین نفسیات بھی انسانوں کے نفسانی حالات کی جڑوں کو "گھرانے" میں ہی تلاش کرتے ہیں۔ جب کہ تربیت کے شعبے سے منسلک مفکرین اور دانش مند

حضرات "گھر" کو ہی تربیتی امور کا مرکز جانتے ہیں اور اجتماعی مصلح حضرات بھی ہر قسم کی اصلاح طلب تبدیلی و انقلاب کو "گھرانے" سے ہی مربوط قرار دیتے ہیں اور

- سچ مچ، گھرانے کی اہمیت کتنی زیادہ ہے؟

- اسلام کی اس بارے میں کیا نظر ہے؟

- کس طرح ایک "گھرانے" کی بنیادوں کو مستحکم بنایا جا سکتا ہے؟

- اور، اور، اور

- اسلام اور معاشرے میں "گھرانے" کے مقام و منزلت اور اس کے مختلف اثرات کو اسلام کے مایہ ناز مفکر اور فلسفہ شناس دانشمند کی حیثیت سے اپنے ہر دلعزیز قائد و رہبر سے سننا اس عظیم بنیاد کو رکھنے والے نوجوانوں کے لئے راہ کُشا ہے۔

کلمہ طیبہ یا پاک بنیاد

گھرانہ "کلمہ طیبہ" ای کی مانند ہے اور کلمہ طیبہ کی خاصیت یہ ہے کہ جب یہ وجود میں آتا ہے تو مسلسل اس کے وجود سے خیر و برکت اور نیکی ہی ملتی رہتی ہے اور وہ اپنے اطراف کی چیزوں میں نفوذ کرتا رہتا ہے۔ کلمہ طیبہ وہی چیزیں ہیں کہ جنہیں خداوند متعال نے انسان کی فطری ضرورتوں کو مد نظر رکھتے ہوئے اس کی صحیح بنیادوں کے ساتھ اُسے تحفہ دیا ہے۔ یہ سب کلمہ طیبہ ہیں خواہ وہ معنویات ہوں یا مادیات۔

انسانی معاشرے کی اکائی

جس طرح ایک انسانی بدن ایک اکائی "سیل" یا "خلیے" سے تشکیل پاتا ہے کہ ان خلیوں کی نابودی، خرابی اور بیماری خود بخود اور فطری طور پر بدن کی بیماری پر اختتام پذیر ہوتی ہے۔ اگر ان اکائیوں "خلیوں" میں پلنے والی بیماری بڑھ جائے تو خطرناک شکل میں بڑھ کر پورے انسانی بدن کے لئے خطرے کا باعث بن سکتی ہے۔ اسی طرح انسانی معاشرہ بھی اکائیوں سے مل کر بنا ہے جنہیں ہم "گھرانہ" کہتے ہیں۔ ہر گھر اور گھرانہ انسان کے معاشرتی بدن کی اکائی ہے۔ جب یہ صحیح و سالم ہوں گے اور صحیح اور اچھا عمل انجام دیں گے تو معاشرے کا بدن بھی یقیناً صحیح و سالم ہو گا۔

اچھا گھرانہ اور اچھا معاشرہ

اگر کسی معاشرے میں ایک گھرانے کی بنیادیں مستحکم ہو جائیں، میاں بیوی ایک دوسرے کے حقوق کا خیال رکھیں، آپس میں خوش رفتاری، اچھے اخلاق اور باہمی تعاون سے پیش آئیں، مل کر مشکلات کو حل کریں اور اپنے بچوں کی اچھی تربیت کریں تو وہ معاشرہ بہتر صورتحال اور نجات سے ہمکنار ہو جائے گا اور اگر معاشرے میں کوئی مصلح موجود ہو تو وہ ایسے معاشروں کی با آسانی اصلاح کر سکتا ہے۔ لیکن اگر صحیح و سالم اور اچھے گھرانے ہی معاشرے میں موجود نہ ہوں تو کتنے ہی بڑے مصلح کیوں نہ آجائیں وہ بھی معاشرے کی اصلاح نہیں کر سکتے۔

اسورہ ابراہیم کی آیت ۲۴ کی طرف اشارہ ہے کہ ارشاد رب العزت ہے:

"اللہ تعالیٰ نے کلمہ طیبہ کی مثال پیش کی ہے جیسے ایک شجر طیبہ کہ جس کی جڑیں زمین میں مستحکم ہوں اور شاخیں آسمان میں پھیلی ہوئی ہوں اور اپنے رب کے حکم

سے اپنا پھل بھی لے کر آتا ہے"۔

ہر وہ ملک کہ جس میں گھرانے کی بنیادیں مضبوط ہوں تو اس ملک کی بہت سی مشکلات خصوصاً معنوی اور اخلاقی مشکلات اس مستحکم اور صحیح و سالم گھرانے کی برکت سے دور ہو جائیں گی یا سرے ہی سے وجود میں نہیں آئیں گی۔ یہ بندھن اور ملاپ اور زندگی کا نیا روپ دراصل خداوند عالم کی بڑی نعمتوں میں سے ایک نعمت اور اُس کے اسرارِ خلقت میں سے یک سِرّ ہے۔ اسی طرح معاشروں کی صحت و سلامتی اور اصلاح و بہتری نیز ان کے بقا اور دوام کا دارو مدار اسی ازدواجی زندگی پر ہے۔

اگر ایک گھرانہ صحیح صورت میں تشکیل پائے اور منطقی، عقلی اور اخلاقی اصول دونوں میاں بیوی پر حاکم ہوں اور وہ گھر، خدا اور شریعت مقدسہ کے معیّن شدہ اصولوں کے مطابق چلے تو یہ گھرانہ اصلاح معاشرہ کی بنیاد قرار پائے گا نیز اس معاشرے کے تمام افراد کی سعادت کی بنیاد بھی یہی گھر بنے گا۔

گھر کو بسانا دراصل انسان کی ایک اجتماعی ضرورت ہے۔ چنانچہ اگر کسی معاشرے میں "گھرانے" صحیح و سالم اور مستحکم ہوں، حالاتِ زمانہ ان کے پائے ثبات میں لغزش پیدا نہ کریں اور وہ مختلف قسم کی اجتماعی آفات سے محفوظ ہوں تو ایسا معاشرہ اچھی طرح اصلاح پا سکتا ہے، اس کے باشندے فکری رشد پا سکتے ہیں، وہ روحانی لحاظ سے مکمل طور پر صحیح و سالم ہوں گے اور ممکن ہے کہ وہ نفسیاتی بیماریوں سے بھی دور ہوں۔

اچھے گھرانے سے محروم معاشرہ نفسیاتی بیماریوں کا مرکز ہے

اچھے گھرانوں سے محروم معاشرہ ایک پریشان، غیر مطمئن اور زبوں حالی کا شکار معاشرہ ہے اور ایک ایسا معاشرہ ہے کہ جس میں ثقافتی، فکری اور عقائدی ورثہ آنے والی نسلوں تک با آسانی منتقل نہیں ہو سکتا۔ ایسے معاشرے میں انسانی تربیت کے بلند مقاصد آسانی سے حاصل نہیں ہو پاتے یا اس میں صحیح و سالم گھرانوں کا فقدان ہوتا ہے یا ان کی بنیادیں متزلزل ہوتی ہیں۔ ایسے معاشروں میں انسان اچھے تربیتی مراکز اور پرورش گاہوں میں بھی اچھی پرورش نہیں پا سکتے۔

صحیح و سالم گھرانے کا فقدان اس بات کا سبب بنتا ہے کہ نہ اس میں بچے صحیح پرورش پاتے ہیں، نہ نوجوان اپنی صحیح شخصیت تک پہنچ سکتے ہیں اور انسان بھی ایسے گھرانوں میں کامل نہیں بنتے۔ جب کہ اس گھر سے تعلق رکھنے والے میاں بیوی بھی صالح اور نیک نہیں ہوں گے، اس گھر میں اخلاقیات کا بھی فقدان ہو گا اور گذشتہ نسل کے اچھے اور قیمتی تجربات بھی اگلی نسلوں تک منتقل نہیں ہو سکتے ہیں۔ جب ایک معاشرے میں اچھا گھرانہ موجود نہ ہو تو جان لیجئے کہ اس معاشرے میں ایمان اور دینداری کو وجود میں لانے والا کوئی مرکز موجود نہیں ہے۔

ایسے معاشرے کہ جن میں گھرانوں کی بنیادیں کمزور ہیں یا جن میں اچھے گھرانے سرے ہی سے وجود نہیں رکھتے یا کم ہیں یا اگر ہیں تو ان کی بنیادیں متزلزل ہیں تو وہ فنا اور نابودی کے دھانے پر کھڑے ہیں۔ ایسے معاشروں میں نفسیاتی الجھنوں اور بیماریوں کے اعداد و شمار ان معاشروں سے زیادہ ہیں کہ جن میں اچھے اور مستحکم گھرانے موجود ہیں اور مرد و عورت گھرانے جیسے ایک مضبوط مرکز سے

متصل ہیں۔

غیر محفوظ نسلیں

انسانی معاشرے میں گھرانہ بہت اہمیت اور قدر و قیمت کا حامل ہے۔ آنے والی نسلوں کی تربیت اور معنوی، فکری اور نفسیاتی لحاظ سے صحیح و سالم انسانوں کی پرورش کے لئے گھرانے کے فوائد تک نہ کوئی پہنچ سکتا ہے اور تعلیم و تربیت کے میدان میں نہ ہی کوئی چیز بھی گھر و گھرانے کی جگہ لے سکتی ہے۔ جب خاندانی نظامِ زندگی بہتر انداز میں موجود ہو تو ان کروڑوں انسانوں میں سے ہر ایک کے لئے دیکھ بھال کرنے والے (والدین جیسے دو شفیق وجود) ہمیشہ ان کے ہمراہ ہوں گے کہ جن کا کوئی بھی نعم البدل نہیں ہو سکتا۔

"گھرانہ" ایک امن و امان کی وادی محبت اور پُر فضا ماحول کا نام ہے کہ جس میں بچے اور والدین اس پر امن ماحول اور قابل اعتماد فضا میں اپنی روحی، فکری اور ذہنی صلاحیتوں کو بہتر انداز میں محفوظ رکھتے ہوئے ان کی پرورش اور رُشد کا انتظام کر سکتے ہیں۔ لیکن جب خاندانی نظام ہی کی بنیادیں کمزور پڑ جائیں تو آنے والی نسلیں غیر محفوظ ہو جاتی ہیں۔

انسان، تربیت، ہدایت اور کمال و ترقی کے لئے خلق کیا گیا ہے اور یہ سب اہداف صرف ایک پر امن ماحول میں ہی حاصل کئے جا سکتے ہیں۔ ایسا ماحول کہ جس کی فضا کو کوئی نفسیاتی الجھن آلودہ نہ کرے اور ایسا ماحول کہ جس میں انسانی صلاحیتیں اپنے کمال تک پہنچیں۔ ان مقاصد کے حصول کے لئے ایسے ماحول کا وجود لازمی ہے

کہ جس میں تعلیمات ایک نسل کے بعد دوسری نسل میں منعکس ہوں اور ایک انسان اپنے بچپنے سے ہی صحیح تعلیم، مدد گار نفسیاتی ماحول اور دو فطری معلّموں یعنی والدین کے زیرِ سایہ تربیت پائے جو عالَم دنیا کے تمام انسانوں سے زیادہ اس پر مہربان ہیں۔

اگر معاشرے میں صحیح خاندانی نظام رائج نہ ہو تو انسانی تربیت کے تمام اقدامات ناکام ہو جائیں گے اور اس کی تمام روحانی ضرورتوں کو مثبت جواب نہیں ملے گا۔ یہی وجہ ہے کہ انسانی تخلیق اور فطرت ایسی ہے کہ جو اچھے گھرانے، صحیح و کامل خاندانی نظام کے پُر فضا اور محبت آمیز ماحول اور والدین کی شفقت و محبت کے بغیر صحیح و کامل تربیت، بے عیب پرورش اور نفسیاتی الجھنوں سے دور اپنی لازمی روحانی نشو و نما تک نہیں پہنچ سکتی ہے۔ انسان اپنی باطنی صلاحیتوں اور اپنے احساسات و جذبات کے لحاظ سے اسی وقت کامل ہو سکتا ہے کہ جب وہ ایک مکمل اور اچھے گھرانے میں تربیت پائے۔ ایک مناسب اور اچھے نظامِ زندگی کے تحت چلنے والے گھر میں پرورش پانے والے بچوں کے لئے کہا جا سکتا ہے کہ وہ نفسیاتی لحاظ سے صحیح و سالم اور ہمدردی اور مہربانی کے جذبات اسے سرشار ہوں گے۔

ایک گھرانے میں تین قسم کے انسانوں کی اصلاح ہوتی ہے۔ ایک مرد ہیں جو اس گھر کے سرپرست یا والدین ہیں، دوسرے درجے پر خواتین کہ جو ماؤں کا کردار ادا کرتی ہیں اور تیسرے مرحلے پر اولاد کہ جو اس معاشرے کی آنے والی نسل ہے۔

اچھے گھرانے کی خوبیاں

ایک اچھا گھرانہ یعنی ایک دوسرے کی نسبت اچھے، مہربان، پُرخلوص جذبات و احساسات کے مالک اور ایک دوسرے سے عشق و محبت کرنے والے میاں بیوی جو کہ ایک دوسرے کی جسمانی اور روحانی حالت کو ملحوظِ خاطر رکھتے ہوئے ضرورت کے مطابق ایک دوسرے کی مدد کریں، ایک دوسرے کی فعالیت، کام کاج اور ضرورتوں کو اہمیت دیں اور ایک دوسرے کے آرام و سکون اور بہتری و بھلائی کو مدِّ نظر رکھیں۔ یہ سب پہلے درجے پر ہیں۔

ماہرینِ نفسیات اس بات کے قائل ہیں اور ہماری احادیث و روایات بھی اس مطلب پر تاکید کرتی ہیں کہ گھر میں والدین کا اپنی اولاد سے ہمدردی، محبت، شفقت اور مہربانی و پیار سے پیش آنا بچوں کی تربیت اور ان کی نشو و نما میں بہت زیادہ موثر ہے۔ والدین کا خشک رویہ بچوں سے مہربانی، ہمدردی، اور پیار و محبت کو سلب کر لے گا اور وہ بچے سخت مزاج، ناقص اور ناہموار طبیعت کے مالک ہوں گے۔ (مترجم)

دوسرے درجے پر اس گھرانے میں پرورش پانے والی اولاد ہے کہ جس کی تربیت کے لئے وہ احساسِ ذمّہ داری کریں اور مادی اور معنوی لحاظ سے انہیں صحیح و سالم پرورش کا ماحول فراہم کریں۔ ان کی خواہش یہ ہونی چاہیے کہ ان کے بچے مادی اور معنوی لحاظ سے سلامتی اور بہتری تک پہنچیں، انہیں بہترین تعلیم و تربیت دیں، انہیں مودّب بنائیں، اچھے طریقوں سے اپنی اولاد کو برے کاموں کی طرف قدم بڑھانے سے روکیں اور بہترین صفات سے ان کی روح کو مزیّن کریں۔ ایک ایسا گھر دراصل ایک ملک میں ہونے والی تمام حقیقی اصلاحات کی بنیاد فراہم کر سکتا ہے۔

چونکہ ایسے گھرانوں میں اچھے انسان ہی اچھی تربیت پاتے ہیں اور بہترین صفات کے مالک ہوتے ہیں۔ جب کوئی معاشرہ شجاعت، عقلی استقلال، فکری آزادی، احساس ذمہ داری، پیار و محبت، جرأت و بہادری، وقت پر صحیح فیصلہ کرنے کی صلاحیت، دوسروں کی خیر خواہی اور اپنی خاندانی پاکیزگی و نجابت کے ساتھ پرورش پانے والے لوگوں کا حامل ہو گا تو وہ کبھی بد بختی و روسیاہی کے شکل نہیں دیکھے گا۔

اچھے خاندانی نظام میں ثقافت کی منتقلی کی آسانی

ایک معاشرے میں اس کی تہذیب و تمدّن اور ثقافت کے اصولوں کی حفاظت اور آئندہ آنے والی نسلوں تک ان کی منتقلی اچھے گھرانے یا بہترین خاندانی نظام کی برکت ہی سے انجام پاتی ہے۔

رشتہ ازدواج میں نوجوان لڑکے لڑکی کے منسلک ہونے کا سب سے بہترین فائدہ "گھر بسانا" ہے۔ اس کا سبب بھی یہی ہے کہ اگر ایک معاشرہ اچھے گھرانوں، خاندانی افراد اور بہترین نظام تربیت پر مشتمل ہو تو وہ بہترین معاشرہ کہلائے جانے کا مستحق ہے اور وہ اپنی تاریخی اور ثقافتی خزانوں اور ورثہ کو بخوبی احسن اگلی نسلوں تک منتقل کرے گا اور ایسے معاشرے میں بچے بھی صحیح تربیت پائیں گے۔ چنانچہ وہ ممالک اور معاشرے کہ جن میں خاندانی نظام مشکلات کا شکار ہوتا ہے تو وہاں ثقافتی اور اخلاقی مسائل پیش آتے ہیں۔

اگر موجودہ نسل اس بات کی خواہش مند ہے کہ وہ اپنے ذہنی اور فکری ارتقائ، تجربات اور نتائج کو آنے والی نسلوں کو منتقل کرے اور ایک معاشرہ اپنے

ماضی اور تاریخ سے صحیح معنیٰ میں فائدہ حاصل کرے تو یہ صرف اچھے گھرانوں یا اچھے خاندانی نظام زندگی کے ذریعے ہی ممکن ہے۔ گھر کی اچھی فضا میں اس معاشرے کی ثقافتی اور تاریخی بنیادوں پر ایک انسان اپنے تشخص کو پاتا ہے اور اپنی شخصیت کی تعمیر کرتا ہے۔ یہ والدین ہی ہیں کہ جو غیر مستقیم طور پر بغیر کسی جبر اور تصنّع (بناوٹ) کے فطری اور طبیعی طور پر اپنے فکری مطالب، عمل، معلومات، عقائد اور تمام مقدس امور کو آنے والی نسلوں تک منتقل کرتے ہیں۔

خوشحال گھرانہ اور مطمئَن افراد

اسلام "گھرانے" پر مکمل توجہ دیتا ہے اور گھرانے پر اس کی نظر خاص الخاص اہتمام کے ساتھ جمی ہوئی ہیں کہ جس کی وجہ سے خاندانی نظام یا گھرانے کو انسانی حیات میں مرکزیت حاصل ہے۔ اسی لئے اس کی بنیادوں کو کمزور یا کھوکھلا کرنے کو بدترین فعل قرار دیا گیا ہے۔

اسلام میں گھرانے کا مفہوم یعنی ایک چھت کے نیچے دو انسانوں کی سکونت، دو مختلف مزاجوں کا بہترین اور تصوراتی روحانی ماحول میں ایک دوسرے کا جیون ساتھی بننا، دو انسانوں کے انس و الفت کی قرار گاہ اور ایک انسان کے ذریعے دوسرے انسان کے کمال اور معنوی ترقی کا مرکز، یعنی وہ جگہ کہ جہاں انسان پاکیزگی حاصل کرے اور اسے روحانی سکون نصیب ہو۔ یہ ہے اسلام کی نگاہ میں خوشحال گھرانہ اور اسی لیے اسلام اس مرکز "گھرانے" کو اس قدر اہمیت دیتا ہے۔

قرآن کے بیان کے مطابق اسلام نے مرد و عورت کی تخلیق، ان کے ایک

ساتھ زندگی گزارنے اور ایک دوسرے کا شریکِ حیات بننے کو میاں بیوی کے لئے ایک دوسرے کے آرام و سکون کا باعث قرار دیا ہے۔

قرآن میں ارشادِ خداوندی ہے کہ

"وَجَعَلَ مِنْهَا زَوْجَهَا لِيَسْكُنَ اِلَيْهَا"   سورہ اعراف ۱۸۹

جہاں تک مجھے یاد ہے قرآن میں دو مرتبہ "سکون" کی تعبیر آئی ہے ا

خداوند عالم نے انسانی جوڑے کو اس کی جنس (انسانیت) سے ہی قرار دیا ہے یعنی عورت کا جوڑا مرد اور مرد کا جوڑا عورت کو قرار دیا ہے تا کہ "لِيَسْكُنَ اِلَيْهَا" یعنی یہ انسان خواہ مرد ہو یا عورت، اپنے میاں یا بیوی سے آرام و سکون حاصل کرے۔

یہ آرام و سکون دراصل باطنی اضطراب کی زندگی کے پُر تلاطم دریا سے نجات و سکون پانے سے عبارت ہے۔ زندگی ایک قسم کا میدان جنگ ہے اور انسان اس میں ہمیشہ ایک قسم کے اضطراب و پریشانی میں مبتلا رہتا ہے لہذا یہ سکون بہت اہمیت کا حامل ہے۔ اگر یہ آرام و سکون انسان کو صحیح طور پر حاصل ہو تو اس کی زندگی سعادت و خوش بختی کو پا لے گی، میاں بیوی دونوں خوش بخت ہو جائیں گے، اور اس گھر میں پیدا ہونے والے بچے بھی بغیر کسی نفسیاتی دباؤ اور الجھن کے پرورش پائیں گے اور خوش بختی ان کے قدم چومے گی۔ صرف میاں بیوی کے باہمی تعاون، اچھے اخلاق و کردار اور پُر سکون ماحول سے اس گھرانے کے ہر فرد کے لئے سعادت و خوش بختی کی زمین ہموار ہو جائے گی۔

زندگی کی کڑی دھوپ میں ایک ٹھنڈی چھاؤں

جب میاں بیوی دن کے اختتام پر یا درمیان میں ایک دوسرے سے ملاقات کرتے ہیں تو دونوں ایک دوسرے سے یہی امید رکھتے ہیں کہ انہوں نے گھر کے ماحول کو خوش رکھنے، اسے زندہ بنانے اور تھکاوٹ اور ذہنی الجھنوں کو دور کر کے اسے زندگی گزارنے کے قابل بنانے میں اپنا اپنا کردار موثر طریقے سے ادا کیا ہو گا۔ ان کی ایک دوسرے سے توقع بالکل بجا ہے۔ اگر آپ بھی یہ کام کر سکیں تو حتماً انجام دیں کیونکہ اس سے زندگی شیریں اور میٹھی ہوتی ہے۔

انسان کی زندگی میں مختلف ناگزیر حالات و واقعات کی وجہ سے طوفان اٹھتے ہیں جس میں وہ ایک مضبوط پناہ گاہ کا متلاشی ہوتا ہے۔ میاں بیوی کا جوڑا اس طوفان میں ایک دوسرے کی پناہ لیتا ہے۔ عورت اپنے شوہر کے مضبوط بازوؤں کا سہارا لے کر اپنے محفوظ ہونے کا احساس کرتی ہے اور مرد اپنی بیوی کی چاہت و فداکاری کی ٹھنڈی چھاؤں میں سکھ کا سانس لیتا ہے۔ مرد اپنی مردانہ کشمکش والی زندگی میں ایک ٹھنڈی چھاؤں کا ضرورت مند ہے تا کہ وہاں کی گھنی چھاؤں میں تازہ دم ہو کر دوبارہ اپنا سفر شروع کرے۔ یہ ٹھنڈی چھاؤں اسے کب اور کہاں نصیب ہو گی؟ اس وقت کہ جب وہ اپنے گھر کی عشق و الفت، مہربانی اور محبت سے سرشار فضا میں قدم رک ہے گا، جب وہ اپنی شریک حیات کے تبسّم کو دیکھے گا کہ جو ہمیشہ اس سے عشق و محبت کرتی ہے، زندگی کے ہر اچھے و بُرے وقت میں اس کے ساتھ ساتھ ہے، زندگی کے ہر مشکل لمحے میں اس کے حوصلوں میں پختگی عطا کرتی ہے اور اسے ایک جان دو قالب ہونے کا احساس دلاتی ہے۔ یہ ہے زندگی کی ٹھنڈی چھاؤں۔

١ وَمِن آیَاتِہ اَن خَلَقَ لَکُم مِن اَنفُسِکُم اَزوَاجاً لِتَسکُنوا

اِلیھا (سورہ روم ۲۱)

بیوی بھی اپنی روز مرہ کی ہزاروں جھمیلوں والی زنانہ زندگی میں (صبح ناشتے کی تیاری، بچوں کو اسکول کے لئے تیار کرنا، گھر کو سمیٹنا اور صفائی، دو پہر کے کھانے کی تیاری، بچوں کی اسکول سے آمد اور دو پہر کا کھانا کھلانا، سلانا، نماز، شام کی چائے، شوہر کی آمد اور رات کے کھانے کی فکر جیسی دیگر) دسیوں مشکلات اور اور مسائل کا سامنا کرتی ہے، خواہ وہ گھر سے باہر کام میں مصروف ہو اور مختلف قسم کی اجتماعی اور سیاسی فعالیت کو انجام دے رہی ہو یا گھر کی چار دیواری میں گھریلو کام کاج میں عرقِ جبیں بہا رہی ہو کہ اس کے اندرونِ خانہ کام کی زحمت و سختی اور اہمیت اور باہر اُس کی فعالیت سے کسی بھی طرح کم نہیں ہے۔ ایک صنفِ نسواں اپنی لطیف و ظریف روح کے ساتھ جب ان مشکلات کا سامنا کرتی ہے تو اسے پہلے سے زیادہ آرام و سکون اور ایک مطمئن شخص پر اعتماد اور تکیہ کرنے کی ضرورت ہوتی ہے۔ ایسا شخص کون ہے؟ وہ اس کے وفادار شوہر کے علاوہ اور کون ہو سکتا ہے؟!

انسان مشین تو نہیں ہے!

انسان کوئی گاڑی یا مشین تو نہیں ہے، انسان روح (اور جسم) سے مرکب ہے، وہ معنویت کا طالب ہے، وہ ہمدردی و مہربانی اور ایثار و فداکاری کے جذبات و احساسات کا نام ہے اور وہ زندگی کی کڑی دھوپ میں آرام و سکون کا متلاشی ہے اور آرام و سکون صرف گھر کی فضا میں ہی اسے میسر آ سکتا ہے۔

گھر کے ماحول کو آرام دہ ماحول ہونا چاہیے۔ میاں بیوی میں ایک دوسرے کے لئے موجود ہمدردی اور ایثار و محبت کے یہ احساسات ان کے اندرونی سکون میں اُن

کے مددگار ثابت ہوتے ہیں۔ اس آرام و سکون کا ہرگز یہ مطلب نہیں ہے کہ انسان اپنے کام کاج کو متوقف اور فعالیت کو ترک کر دے، کام کاج اور فعالیت بہت اچھی اور ضروری ہے۔ اس آرام و سکون کا تعلق دراصل زندگی کی مشکلات و مسائل سے ہے۔ انسان کبھی کبھی اپنی زندگی میں پریشان ہو جاتا ہے تو اس کی بیوی اسے سکون دیتی ہے اور مرد اپنے مضبوط بازوؤں سے بیوی کے وجود کو سنبھالتا اور اسے سہارا دیتا ہے تاکہ اسے آرام مل جائے۔ یہ سب اسی صورت میں ممکن ہے کہ جب گھر کی فضا اور ماحول آپس کی چپقلش، لڑائی جھگڑوں، باہمی ناانفاقی اور مشکلات کا شکار نہ ہو۔

اچھے گھر کا پر سکون ماحول

ہر انسان کو خواہ مرد ہو یا عورت، اپنی پوری زندگی میں شب و روز مختلف پریشانیوں اور مشکلات کا سامنا رہتا ہے اور غیر متوقع حالات و واقعات سے اس کی زندگی اضطراب کا شکار رہتی ہے۔ یہ حادثات و واقعات انسان کو اعصابی طور پر کمزور، خستہ تن اور اس کی روح کو بوجھل اور طبیعت و مزاج کو چڑچڑا بنا دیتے ہیں۔ ایسی حالت میں جب انسان ایک گھر کی خوشگوار فضا میں قدم رکھتا ہے تو اس کا روح افزا ماحول اور سکون عطا کرنے والی نسیم اسے توانائی بخشتی ہے اور اسے ایک نئے دن و رات اور خدمت و فعالیت انجام دینے کے لئے آمادہ و تیار کرتی ہے۔ اسی لئے خاندانی نظامِ زندگی یا گھرانہ، انسانی حیات کی تنظیم میں بہت کلیدی کردار ادا کرتا ہے۔ البتہ یہ بات پیشِ نظر رہے کہ گھر کو صحیح روش اور اچھے طریقے سے چلانا چاہیے۔

ایک پُر سکون گھر انے سے میاں بیوی کو حاصل ہونے والے فائدے، گھر کی

چار دیواری سے باہر ان کے دیگر فوائد کے اعداد و شمار کو زیادہ کرتے اور انہیں قدر و قیمت اور کیفیت عطا کرتے ہیں۔ رشتہ ازدواج کے بندھن میں ایک دوسرے کا جیون ساتھی بننا اور گھر بسانا میاں بیوی کے لئے زندگی کا بہترین ہدیہ ہے۔ یہ روحانی آرام و سکون، زندگی کی مشترکہ جدوجہد کے لئے ایک دوسرے کو دلگرمی دینے، اپنے لئے نزدیک ترین غمخوار ڈھونڈنے اور ایک دوسرے کی ڈھارس باندھنے کا ایک وسیلہ ہے کہ جو انسان کی پوری زندگی کے لئے بہت ضروری ہے۔

گھریلو فضا میں خود کو تازہ دم کرنے کی فرصت

ایک گھر میں رہنے والے میاں بیوی جو ایک دوسرے کی زندگی میں شریک اور معاون ہیں، گھر کے پُر فضا ماحول میں ایک دوسرے کی خستگی، تھکاوٹ اور اکتانے والی یکسانیت کو دور کر کے کھوئی ہوئی جسمانی اور ذہنی قوتوں کو بحال اور اپنی ہمت کو تازہ دم کر کے خود کو زندگی کی بقیہ راہ کو طے کرنے کے لئے آمادہ کر سکتے ہیں۔ آپ جانتے ہیں کہ زندگی ایک میدان جنگ ہے، پوری زندگی عبارت ہے ایک بڑی مدت والی جنگ سے، فطری و طبیعی عوامل سے جنگ، اجتماعی موانع سے جنگ اور انسان کی اپنی اندرونی دنیا سے جنگ کہ جسے جہاد نفس کہا گیا ہے لہٰذا انسان ہر وقت حالت جنگ میں ہے۔ انسان کا بدن بھی ہر وقت جنگ میں ہے اور وہ ہمیشہ مضرّ عوامل سے لڑائی میں مصروف عمل ہے اور جب تک بدن میں اس لڑائی کی قدرت اور قوت مدافعت موجود ہے آپ کا جسم صحیح و سالم ہے۔ ضروری بات یہ ہے کہ انسان میں یہ مبارزہ اور جنگ درست سمت میں اپنی صحیح، منطقی اور اچھی روش و طریقے اور صحیح عوامل کے ساتھ انجام پانی چاہیے۔

زندگی کی اس جنگ میں کبھی استراحت و آرام لازمی ہوتا ہے۔ زندگی ایک سفر اور مسلسل حرکت کا نام ہے اور اس طولانی سفر میں انسان کی استراحت گاہ اس کا گھر ہے۔

مشترکہ زندگی کی قرارداد کا احترام کرنا

گھر بسانا اور گھر آباد کرنا ایک قرارداد اور معاہدہ ہے۔ یہ کوئی ایسا معمولی کام نہیں ہے کہ دو چیزوں کو آپس میں ملا دیں اور انہیں ان کے حال پر چھوڑ دیں، نہیں! یہ ایک ایسا معاہدہ ہے جو سب کے لئے مورد اطمینان ہے اور تمام افراد کے لئے قابل اعتماد عہد و پیمان ہے۔ اس کی بقا اسی صورت میں ممکن ہے کہ معاہدے پر دستخط کرنے والے دونوں افراد، ان کا معاشرہ اور قانون اس کا احترام کرے لیکن اگر اس سے بے اعتنائی برتی جائے تو یہ معاہدہ باقی نہیں رہے گا۔

خاندانی نظام زندگی میں جنسی خواہش کی اہمیت

اسلام نے انسان کی جنسی خواہش کو گھرانے کی تشکیل کی بنیاد قرار دیا ہے یعنی اسے ایک اچھے گھرانے کے استحکام کا وسیلہ بنایا ہے۔ اسی بات کو اس طرح بھی بیان کیا جا سکتا ہے کہ جب میاں بیوی دونوں پاکدامن، عفیف، دیندار، خدا سے ڈرنے والے اور اسلام کے دستور کے مطابق اپنی شہوت و جنسی خواہشات میں گناہوں سے دوری اختیار کرنے والے ہوں تو اس وقت میاں بیوی کی ایک دوسرے کے لیے ضرورت زیادہ بڑھ جائے گی اور جب وہ ایک دوسرے کی زیادہ ضرورت محسوس کریں گے تو اس خاندان کی بنیاد ان کی جو میاں بیوی ہیں، پہلے سے اور زیادہ

مستحکم ہو جائیں گی۔

اسلام یہ چاہتا ہے کہ خاندان کی اس بنیاد و اساس کو ختم نہ ہونے دے۔ اسلام کی خواہش ہے کہ انسان اپنے گھرانے سے باہر کہیں اور اپنی جنسی خواہش کی سیرابی کا انتظام نہ کریں کہ کہیں ایسا نہ ہو کہ اپنے گھر والوں کی نسبت بے اعتنا، لا ابالی اور بے بند و بار ہو جائیں۔ اسی لئے اسلام ان انحرافات کا راستہ روکتا ہے۔

دینداری، خاندان کی حقیقی صورت

اپنے گھر کو آباد کرنے اور اس کی حفاظت کے لئے اسلامی احکام کا خیال رکھنا ضروری ہے تا کہ یہ گھر ہمیشہ آباد اور خوشحال رہے۔ لہذا آپ، دیندار گھرانوں میں کہ جہاں میاں بیوی اسلامی احکامات کا خیال رکھتے ہیں، دیکھیں گے کہ وہ سالہا سال مل جل کر زندگی بسر کرتے ہیں اور میاں بیوی کی محبت ایک دوسرے کے لئے ہمیشہ باقی رہتی ہے، ہر گزرنے والا دن ان کی چاہت میں اضافہ کرتا ہے، ایک دوسرے سے جدائی اور فراق کا تصور بھی دونوں کے لئے مشکل ہو جاتا ہے اور ان کے دل ایک دوسرے کی محبت سے سرشار ہوتے ہیں۔ یہ ہے وہ محبت و چاہت جو کسی خاندان کو دوام بخشتی ہے اور یہی وجہ ہے کہ اسلام نے ان تمام چیزوں کو اہمیت دی ہے۔

اگر اسلام کے بتائے ہوئے طریقے اور روش پر عمل کیا جائے تو ہمارا خاندانی نظام پہلے سے زیادہ مستحکم ہو جائے گا جس طرح گذشتہ زمانے میں --- طاغوتی دور حکومت میں --- جب لوگوں کا ایمان سالم اور محفوظ تھا اور ہمارے گھرانے اور خاندانی نظام مستحکم و مضبوط تھے، اس ماحول میں میاں بیوی ایک دوسرے سے پیار

کرنے والے تھے اور پر سکون ماحول میں اپنی اولاد کی تربیت کرتے تھے اور آج بھی یہی صورتحال ہے۔ وہ گھرانے اور خاندان جو اسلامی احکامات اور آداب کا خیال رکھتے ہیں وہ غالباً دوسروں کی بہ نسبت مضبوط و مستحکم اور بہتر گھرانے ہوتے ہیں اور وہ اپنے بچوں کو پر سکون ماحول فراہم کرتے ہیں۔

گھر کی حفاظت میں میاں بیوی کا کردار

زندگی کے اس نئے سفر کا آغاز کرنے والے لڑکے اور لڑکی کو چاہیے کہ اپنے اس عہد و پیمان کی حفاظت کریں۔ ان میں سے کسی ایک کی بھی یہ ذمہ داری نہیں ہے کہ اگر ان دونوں میں سے کوئی ایک بھی کوئی بھی کام انجام دے تو دوسرا اسے برداشت کرے، نہیں۔ بلکہ دونوں کو چاہیے کہ ایک دوسرے کی مدد کریں تا کہ وہ کام انجام پائے۔ ہم یہ نہیں کہہ سکتے کہ اس مشترکہ زندگی میں شوہر کی زیادہ ذمہ داری ہے یا بیوی کے حصے کا کام زیادہ ہے، نہیں! بلکہ اس گھر کی بنیاد اور دو انسانوں کے اس اجتماع کی کہ جس کی تعداد میں بتدریج اضافہ ہو گا، حفاظت کرنا دونوں کی ذمہ داری ہے۔

آپ کو چاہیے کہ گھر کے ماحول کو افسردہ، خراب، حد سے زیادہ جذباتی اور اس کی بنیادوں کو متزلزل کرنے والی تمام چیزوں سے اجتناب کریں۔ میاں بیوی دونوں کو چاہیے کہ اپنے تمام کاموں کی بنیاد مشترکہ جدوجہد، تعاون اور ایک دوسرے کا ساتھ دینا قرار دیں۔ ایک اچھے گھرانے کی تمام خیر و برکت میاں بیوی کے کردار و عمل سے وابستہ ہوتی ہے جو آخر کار انہی کے بچوں کو نصیب ہو گی۔ یہ کوئی ایسی چیز نہیں ہے کہ جس میں کسی ایک کا عمل کافی سمجھا جائے (اور

دوسرا ہاتھ پر ہاتھ رکھ کے بیٹھا رہے یا خاموش رہے)۔ خدانخواستہ اگر گھر کا ماحول ایک دوسرے کی نسبت عدم محبت و عدم اطمینان اور خلوص و فداکاری کے فقدان سے خراب ہو جائے تو گلستانِ حیات میں لگنے والی آگ کا دھواں میاں بیوی دونوں کی آنکھوں میں جائے گا۔

اپنے گھر کی بنیادوں کی حفاظت کی سب سے بڑی ذمہ داری خود میاں بیوی پر عائد ہوتی ہے۔ درگزر، عفو، باہمی مدد و تعاون، مہربانی اور اپنے اخلاق و محبت سے کہ ان میں سب سے زیادہ موثر محبت کا عنصر ہے، دونوں اس عمارت کو ہمیشہ کے لئے قائم اور شاد و آباد رکھ سکتے ہیں۔

اسلامی معاشرے میں اچھے خاندان کی صفات

اسلامی معاشرے میں میاں بیوی زندگی کے سفر میں ایک ساتھ، ایک دوسرے سے متعلق، ایک دوسرے کی نسبت ذمہ دار، اپنی اولاد کی تربیت اور اپنے گھرانے کی حفاظت کے لئے مسؤل اور جوابدہ تصور کئے جاتے ہیں۔ آپ ملاحظہ کیجئے کہ اسلام میں گھرانے اور خاندان کی اہمیت کتنی زیادہ ہے!

اسلامی ماحول میں خاندان کی بنیادیں اتنی مضبوط و مستحکم ہیں کہ کبھی آپ دیکھتے ہیں کہ ایک ہی گھر میں دو نسلیں زندگی گزار دیتی ہیں اور دادا، باپ اور بیٹا (پوتا) باہم مل کر ایک جگہ زندگی گزارتے ہیں۔ یہ کتنی قیمتی بات ہے۔ نہ ان کے دل ایک دوسرے سے بھرتے ہیں اور نہ یہ ایک دوسرے کی نسبت بدگمان و بدبین ہوتے ہیں بلکہ ایک دوسرے کی مدد کرتے ہیں۔

اسلامی معاشرے میں یعنی دیندار اور مذہبی فضامیں ہم مشاہدہ کرتے ہیں کہ دو

آدمی ایک طویل عرصے تک باہم زندگی بسر کرتے ہیں اور ایک دوسرے سے بالکل نہیں اکتاتے بلکہ ایک دوسرے کے لیے ان کی محبت و خلوص زیادہ ہو جاتا ہے اور ایک دوسرے کے لئے ان کی الفت، انس اور چاہت میں وقت گزرنے کے ساتھ ساتھ اضافہ ہوتا رہتا ہے اور یہ سب آثار، دینداری، مذہبی ہونے اور خداوند عالم کے بتائے ہوئے احکام و آدابِ اسلامی کی رعایت کرنے کا ہی نتیجہ ہیں۔

اسلام اور اسلامی ثقافت و تمدّن میں خاندان کو دوام حاصل ہے۔ گھر میں دادا، دادی اور ماں باپ سبھی تو موجود ہیں جو اپنے پوتے پوتیوں کو اپنے ہاتھوں پر جوان کرتے ہیں۔ یہی لوگ ہیں کہ جو آداب و رسوم کو آنے والی نسلوں تک منتقل کرتے ہیں اور پچھلی نسل اپنی تاریخی اور ثقافتی ورثے آنے والی نسل کے ہاتھوں میں با حفاظت تھماتی ہے۔ ایسے ماحول میں ایک دوسرے سے کٹ کر رہنے، تنہائی اور عُزلت نشینی اختیار کرنے اور مہربانی و محبت سے عاری سلوک روا رکھنے کے تمام دروازے اس گھر کے تمام افراد کے لئے بند ہیں۔

٭ ٭ ٭